Jürgen Woltmann

Friesland

Weites Land am Jadebusen

ISENSEE VERLAG
OLDENBURG

Quellen-Nachweis:
Albrecht Eckhardt, Oldenburgisches Ortslexikon,
Archäologie, Geografie und Geschichte des Oldenburger Landes

Bibliografische Information Der Deutschen Bibliothek
Die Deutsche Bibliothek verzeichnet diese Publikation in der Deutschen Nationalbibliografie;
detaillierte bibliografische Daten sind im Internet über <http://dnb.ddb.de> abrufbar.

ISBN 978-3-89995-966-6

© 2013 Isensee Verlag, Haarenstraße 20, 26122 Oldenburg - Alle Rechte vorbehalten
Gedruckt bei Isensee in Oldenburg

Inhaltsverzeichnis

Der Landkreis Friesland

Die vielfältigen Zusammenhänge bei der Herausbildung dieser Region beruhen nicht nur auf geologischen und naturgegebenen Voraussetzungen, sondern sie sind das Ergebnis einer vielschichtigen Machtpolitik. In der historischen, politischen Orientierung ist Friesland eng mit dem Oldenburgischen Grafenhaus verklammert. Andererseits handelt es sich um ein uraltes friesisches Stammesgebiet und sehr früh im Bezug auf die geistliche Zugehörigkeit um ein Einflussgebiet des Bischofs von Bremen.

Entscheidend für die Mentalität der friesischen Küstenbewohner waren schon in früher Zeit der Kampf gegen die Nordseefluten und das raue Klima. Die heutige Küstenlinie unterscheidet sich deutlich von den Linien früherer Jahrhunderte. An den noch vorhandenen Warfen, auf denen die alten Quaderkirchen stehen und den tief gestaffelten Deichlinien lässt sich das Ringen der frühen Küstenbewohner um ihre Existenz nachvollziehen.

Bemerkenswert ist, dass sich schon Mitte des 12. Jahrhunderts eine bäuerlich-genossenschaftlich orientiert „friesische Freiheit" entfaltete und sich eine grundsätzliche Abneigung gegen ein feudales Ritterwesen entwickelte. In der Folge führte dieses starke bäuerliche Selbstgefühl zu diversen politischen und militärischen Machtkämpfen mit der bremischen Bischofskirche.

Mitte des 14. Jahrhundert treten in Friesland die ersten „Häuptlinge" in Erscheinung. Es waren Angehörige vermögensreicher Familien, die aus der üblichen bäuerlichen Schicht heraus ragten. Sie genossen hohes soziales Ansehen und konnten aufgrund ihres Reichtums Macht ausüben. Der erste Landeshäuptling war der aus dem Wangerland stammende Fredo (ca. 1360). Aber die Machtverhältnisse in Friesland waren von ständigen unruhigen Bewegungen begleitet. Die Häuptlinge gerieten immer wieder in Konkurrenz gegeneinander, und auch in Konfliktsituationen mit auswärtigen Mächten.

Großen Einfluss über das sich herausbildende Jeverland bekam das Häuptlingshaus der Cirksena.Der von Kaiser Friedrich III. 1464 in den Grafenstand erhobene Ulrich Cirksena interpretierte seinen Anspruchsraum einigermaßen großzügig bis an die untere Weser. Dessen Sohn Graf Edzard I. empfahl sich als Sachwalter friesischer Freiheit und rechtfertigte seinen Herrschaftsanspruch über Jever. Aber die jeverländischen Bauern gingen darauf nicht ein und vertrauten eher dem Häuptling von Jever, Edo

Wiemken. Gegen die gewaltsamen Angriffe Edzards auf das Jeverland sicherten sie sich politischen und militärischen Rückhalt bei dem Grafen von Oldenburg und beim Bischof von Münster.

Der weitere geschichtliche Verlauf ist von vielen kriegerischen Auseinandersetzungen, immer größer werdenden Herrschaftsbestrebungen, Machtkämpfen und ständigen Offensiven im Gebiet zwischen Dithmarschen und der Zuidersee gekennzeichnet. Das kriegerische Geschehen im südlichen Nordseeküstengebiet füllt viele Seiten in den Geschichtsbüchern. Zusammenfassend an dieser Stelle nur der Hinweis auf die Tatsache, dass sich Jever und das alte Jeverland seine herrschaftliche Eigenständigkeit bewahren konnte. Maria von Jever, die als letzte Häuptlingstochter ihre Regentschaft ausübte, legte 1573 in ihrem Testament fest, dass die Herrschaft über Jever nach ihrem Tod nicht an die ostfriesischen Grafen fallen soll. Sie setzte Graf Johann VII. von Oldenburg zu ihrem Herrschaftserben ein. Johann übernahm 1575 das jeversche Erbe und erlangte somit Macht und Ansehen für das Haus Oldenburg im Nordseeküstengebiet.

Aber das sollte sich bald wieder ändern. Mitte des 17. Jahrhunderts fiel Jever an Anhalt-Zerbst, und zwischen dem 18. und 19. Jahrhundert stand Jever unter der Oberhoheit von Russland, anschließend unter holländischer, französischer und erneuter russischer Herrschaft bis 1818. Dann fiel Jever endlich wieder an das Großherzogtum Oldenburg zurück. Mit dem Ende des Ersten Weltkriegs verlor das Großherzogtum seine politische Bedeutung; es entstand der Freistaat Oldenburg.
1933 wurden die damaligen Verwaltungsämter Varel und Jever zum Amt Friesland zusammen gelegt; Verwaltungssitz wurde Jever. Aber es folgten immer wieder Gebietsreformen und Neugliederungen, diverse Zwischenlösungen und kleinere Gebietsaustauschungen. Letztendlich entstand zum 1. Januar 1980 der heutige Landkreis Friesland mit den Gemeinden Varel, Schortens, Jever, Zetel, Wangerland, Sande, Bockhorn und Wangerooge.

Der Landkreis liegt direkt an der Nordsee und am Jadebusen. Hohe Deiche in einer Gesamtlänge von 52 Kilometern schützen das Land vor Sturmfluten. Auf 608 Quadratkilometern leben ca. 100 000 Menschen. Pro Jahr besuchen ca. eine halbe Millionen Übernachtungsgäste und 4,2 Millionen Tagesgäste die Region. Die Siedlungs-Schwerpunkte im Landkreis liegen in den 3 Städten Varel, Jever und Schortens; hier leben 60 % der Gesamtbevölkerung Frieslands. Landwirtschaft und Tourismus haben einen bedeutenden Anteil an Frieslands Wirtschaftskraft. Allerdings ist Varel traditionell das Zentrum der gewerblichen Wirtschaft. Unternehmen mit internationaler Bedeutung im Flugzeugbau bieten zahlreiche Arbeitsplätze. Verkehrstechnisch ist der Landkreis gut angebunden. Die Autobahn A29, Bahnverbindungen und die Nähe zum Seehafen Wilhelmshaven bieten gute Voraussetzungen für weiteres Wachstum. Der neue Tiefwasserhafen „Jade-Weser-Port" bietet interessante Perspektiven für die Wirtschaftskraft am Jadebusen.

Der Landkreis Friesland ist eng mit der Nordsee verbunden. Der Nationalpark Niedersächsisches Wattenmeer breitet sich hier mit all seinen Facetten unmittelbar vor dem Betrachter aus. Lebensadern gleich durchziehen Priele bei Niedrigwasser die weiten Wattflächen. Je nach Licht und Tageszeit glitzern sie silbrig oder schimmern nur bleigrau, ein riesiger Organismus voller Leben. Die ostfriesischen Inseln einschließlich Wangerooge schützen das Wattenmeer wie eine Barriere vor hohen Wellen. Bei Niedrigwasser kann man Wattwanderungen unternehmen und viel Interessantes entdecken. Aber dabei wird sich kaum jemand Gedanken darüber machen, wie sich in vergangenen Jahrhunderten die Küste immer wieder verändert hat. Im 13. Jahrhundert gab es große Meereseinbrüche infolge katastrophaler Sturmfluten, ganze Ortschaften gingen unter; so zum Beispiel Arngast im Jadebusen, wo heute der markante Leuchtturm steht.

Die Geschichte Frieslands ist eng mit der Geschichte Jevers verbunden, und so wird der Leser im Kapitel „Jever" weitere Einzelheiten erfahren können.

Jever

Jever ist die Kreisstadt des Landkreises Friesland. Die letzte Herrin von Jever, Fräulein Maria, verlieh 1536 dem Ort das Stadtrecht. Knapp 14000 Einwohner leben heute in Jever. Mit dieser Personenzahl ist die Stadt zwar „kleiner" als die zum Landkreis gehörenden Städte Varel und Schortens, aber letztlich soll das kein Maßstab sein.
Archäologische Funde lassen den Schluss zu, dass das Gebiet um Jever schon sehr früh besiedelt war. Aus der jüngeren Steinzeit gibt es Siedlungsfunde. Zahlreiche Urnenfunde lassen sich auf das 6. Jahrhundert v. Chr. nachweisen. Bereits im 10. Jahrhundert n. Chr. hatte sich Jever im überregionalen Handel einen Namen machen können und gehörte im 11. und 12. Jahrhundert sogar zu den Münzstätten in Norddeutschland. Somit entwickelte sich Jever schon früh zu einem politischen und wirtschaftlichen Zentrum der Region.

Die Stadt liegt auf einem Geestrücken und war dadurch in den frühen Jahrhunderten gegen Sturmfluten gut gesichert, während die umgebende Marsch nur wenig über NN liegt. Ein in Richtung Jadebusen verlaufender Priel ermöglichte es, im 14. Jahrhundert in Jever einen Hafen für Handelsschiffe anzulegen, der jedoch später wegen Verlandung aufgegeben werden musste. Diese Hafenfunktion übernahm dann Hooksiel.
Für die frühe wirtschaftliche Bedeutung Jevers sprechen auch die Funde von Befestigungsanlagen, die im 11. Jahrhundert angelegt wurden. Viele Importfunde, wie z. B. Luxusartikel, lassen darauf schließen, dass in der Stadt seinerzeit schon Wohlstand aufkam. Sicherlich entwickelte sich der Wunsch nach gehobener Wohnkultur und Wohlstand auch durch Ansprüche des aufstrebenden Häuptlingsgeschlechts der Wiemkinge, die das Jeverland und Wangerland beherrschten. Fräulein Maria entwikkelte Jever zur Residenzstadt. Handwerk und Handel richteten sich auf die Belange des Hofes ein. Das politische Geschehen in der Stadt wird im Beitrag über den Landkreis Friesland geschildert.

Die weitere wirtschaftliche Entwickelung ergab sich durch den Ausbau des Eisenbahn- und Straßennetzes. 1871 erhielt Jever Anschluss an das Eisenbahnnetz, und gepflasterte Straßen wurden angelegt. Der entstehende Kriegshafen Wilhelmshaven rückte näher.

Richten wir den Blick auf die Sehenswürdigkeiten der Stadt. Es gibt eine Vielzahl von historischen, kulturellen Denkmälern, die einiges über die Geschichte von Jever aussagen.
Das Schloss Jever entstand aus einer Wehranlage des 14. Jahrhunderts. Zwischen 1560 und 1564 ließ Maria von Jever diverse Umbauten im Stil der Renaissance vornehmen. Es ist das bedeutendste profane Bauwerk in Jever. Das Schlossmuseum zeigt viele Exponate zur Kulturgeschichte des Jeverlandes.
Das Rathaus wurde zwischen 1609 und 1616 errichtet; allerdings ist heute nur noch die Fassade erhalten, während alle anderen Gebäudeteile infolge ihrer Baufälligkeit ersetzt wurden.
In der Altstadt stehen sehenswerte historische Gebäude wie z. B. das Packhaus, das Amtsgericht, die Altstadtbrauerei usw. Eine anmutige Perspektive bietet die historische Bebauung in den alten Gassen.
Mit Modernität beeindrucken die großen Türme der Jever Brauerei. Das Friesische Brauhaus Jever ist das bedeutendste Unternehmen der Stadt; die Marke „Jever" hat die Kreisstadt weltweit bekannt gemacht

Am Kirchplatz steht die ev. luth. Stadtkirche. Die Vorgängerkirche ist 1959 ausgebrannt, und das neue Gotteshaus wurde 1964 in moderner Architektur errichtet. In einem historischen Teil der Kirche, der Apsis befindet sich das „Edo-Wiemken-Denkmal".

Von den Denkmälern in Jever ist wohl das bekannteste das große „Fräulein-Maria-Denkmal" an der Schlossstraße. Es zeigt die frühere Regentin von Jever in historischer Tracht. Es wurde 1900 zum 400. Geburtstag von Maria eingeweiht.

Die Geschichte Jevers ist vielschichtig und facettenreich. Nicht alle Details können in diesem Bildband aufgezeigt werden, und so bleibt es dem Besucher der Stadt überlassen, Jever zu durchwandern und zu erforschen.

Das lebensgroße Bronzedenkmal der Fräulein Maria.

Das Schloss Jever.

Rathaus (1609-1616)

Wohn- und Packhaus (17. Jahrhundert)

Altstadtbrauerei

Hopfenzaun

Amtsgericht (1703-1704)

Das Edo-Wiemken-Denkmal im historischen Teil der ev. Stadtkirche.

Gebäude der Kreisverwaltung.

Hauptgebäude des Mariengymnasiums (1919).

Blick auf den Glockenturm der ev. Stadtkirche.

Die Ratspütt, früher ein Brunnen, erhielt 1822 eine Pumpe. Die Pütten in Jever dienten früher der Trinkwasserversorgung.

Wasserträgerin vor der Küsterpütt.

Schlachtstraße; eine der beliebten Einkaufsmeilen in der Fußgängerzone.

Kirchplatz; anmutige Flanierzeile im Zentrum der Stadt.

Das „Friesische Brauhaus zu Jever“.

Die Pferdegraft, Teil der ehemaligen Befestigungsanlagen.

Haus der Blaufärberei, bzw. Blaudruckerei.

Schlachtmühle; Galerieholländermühle von 1847.

Georg Stark eröffnete 1985 seinen Handwerksbetrieb und ließ die in Jever nachweisbare Tradition des Blaudruckens wieder aufleben.

St. Annen-Kapelle von 1610, ältestes Gotteshaus in Jever; wird heute nur noch als Friedhofskapelle genutzt.

Varel

Urkundlich erwähnt wird Varel erstmals 1123 als „Farle". Schon im 13. Jahrhundert wurde der Ort Mittelpunkt dieser Region. Ursprünglich gehörte Varel zu einem friesischen Stammesgebiet und wurde bis etwa 1500 von Häuptlingen regiert. Ab 1577 geriet Varel unter den Einflussbereich des Oldenburgischen Grafenhauses. Mitte des 17. Jahrhunderts wurde Varel aufgrund einer testamentarischen Verfügung des Grafen Anton Günther von Oldenburg eine reichsgräfliche Herrschaft unter Oldenburgischer Oberhoheit.

Nach Ende der Franzosenzeit (1811 – 1813) wurde der Ort wieder als Amt Varel Bestandteil des Grafenhauses. In den folgenden Jahren kam es häufig zu verwaltungspolitischen Veränderungen, die hier nicht alle aufgezählt werden sollen. Die Stadt erlebte wie viele andere Kommunen in Deutschland die Folgen des Ersten Weltkriegs, das Ende der Weimarer Republik und die neuen Machtverhältnisse durch die NSDAP mit der „Machtergreifung". Im Zweiten Weltkrieg blieb Varel, immerhin in Sichtweite der Marinestadt Wilhelmshaven, weitgehend verschont. Dagegen erlebte Wilhelmshaven zwischen 1939 und 1945 über 100 Bombenangriffe durch die Alliierten.

Nochmals ein Blick auf die Ursprünge von Varel. Die geografische Lage auf einem Geestsporn am Jadebusen war wohl der Ausgangspunkt für eine Besiedelung. Außerdem spielte schon im hohen Mittelalter die Kirche eine bedeutende Rolle in der Region. Um 1200 wurde eine Granitquaderkirche errichtet. Die heutige Schlosskirche liegt allerdings am Rande des Geestsporns auf einer angelegten Warf und war Teil einer burgähnlichen Anlage. Um 1500 wurde die Burg ausgebaut.

Die Schlosskirche wurde nach der Reformation weiter ausgestattet; sie erhielt von Ludwig Münstermann den Altar, der in Fachkreisen als Hauptwerk des Norddeutschen Marinismus angesehen wird. Von Münstermann stammen auch der Kanzelkorb, der Taufstein und eine Engelsfigur, die er von 1613 – 1618 erschuf. Zwischen 1656 und 1659 wurde die Burg zu einem Schloss erweitert, jedoch 1871 nach Brandschäden abgebrochen.

Varel erhielt 1669 die Stiftung eines Waisenhauses; ein ansprechender Backsteinbau im Stil des niederländisch-westfälischen Barock. Die Stiftung ist eine der ältesten noch existierenden dieser Art. Ein weiteres interessantes Bauwerk ist die fünfgeschossige Holländerwindmühle von 1847. Mit einer Höhe von 30 Metern ist sie eine der größten historischen Windmühlen in Deutschland. Die Mühle beherbergt eine umfangreiche heimatkundliche Sammlung.

Die günstige Lage am Jadebusen führte zu einer gewissen Bedeutung des Vareler Hafens, insbesondere etablierte sich ein Getreide- und Stückguthandel mit England. Die Kontakte nach England führten u.a. zu einem Ausbau der mechanischen Weberei in Varel. Auch der Import von Kohle und Roheisen aus England war für die aufkommende Eisen- und Maschinenbauindustrie von Bedeutung. Heute dient der Hafen fast ausschließlich der Sportschifffahrt. Varel gehörte damals schon zu den wirtschaftlichen Schwerpunkten des Großherzogtums Oldenburg. Nach dem Anschluss Varels an das Eisenbahnnetz trat die Bedeutung des Hafens bald in den Hintergrund.

Heute bietet die Luftfahrtindustrie in Varel viele hochmoderne Arbeitsplätze. Neben einem Zweigwerk der Firma Bahlsen haben sich im Laufe der Zeit einige mittelständische Betriebe etablieren können. Aber auch die Landwirtschaft ist weiterhin ein wichtiger Wirtschaftsfaktor.

Die bedeutendsten Unternehmen in Varel sind das Premium- Aerotec-Werk, in dem Flugzeugbauteile gefertigt werden, die Papier- und Kartonagen-Fabrik, sowie die Maschinenbau-Gruppe Heinen. Das wohl älteste Unternehmen in Varel ist die Metallgießerei Alexander Speith

Schlosskirche St. Petrus; ältestes Gebäude in Varel.

Mit rd. 25000 Einwohnern ist Varel die größte Stadt im Landkreis Friesland. Ihre Beliebtheit verdankt sie u. a. der Lage am südlichen Jadebusen und der Nähe zu Dangast, einem der ältesten Badeorte an der Küste. Für drei Maler der 1905 in Dresden gegründeten Künstlergruppe „BRÜCKE" spielte das Fischerdorf Dangast eine besondere Rolle. Karl Schmidt-Rottluff (1907 – 1912), Erich Heckel (1907 – 1910), Max H. Pechstein (1910) lebten und malten hier. 1909 schloss sich Emma Ritter an, und nur wenige Jahre später nahmen sie Franz Radziwill in ihre Gemeinschaft auf. Das Franz Radziwill Haus in der Sielstraße, in dem der Maler lebte und arbeitete, lädt mit seinen Ausstellungen zu einem Besuch ein. Ein weiterer Pluspunkt, der für Varel spricht, ist der Anteil an Waldflächen. Für eine Stadt an der Nordsee sind 10 % Waldfläche im Gebiet einer Kommune etwas ungewöhnlich. Und etwa 75 % Landwirtschaftsfläche bedeuten zusätzlich auch sehr viel Natur.

Altar von Ludwig Münstermann (1613-1618).

Taufstein von Ludwig Münstermann (1618).

Waisenhaus (1669)

Hauptportal des Waisenhauses.

Amtsgericht

Heimatmuseum am Neumarkt.

Bürgerhäuser

Gebäude am Neumarkt.

Holländerwindmühle von 1847; mit einer Höhe von 30 Metern eine der höchsten historischen Windmühlen Deutschlands.

Historischer Schienenkran im Vareler Hafen.

Der Vareler Hafen dient heute nur noch der Sportschifffahrt.

Reparaturbetriebe und Liegeplätze für Sportboote.

In Wapelersiel mündet die Jade durch große Sieltore in die Nordsee.

Der Leuchtturm Arngast (1909 erbaut) von Dangast aus gesehen.

Am Horizont deutlich erkennbar der Geestrücken von Dangast.

Seedeich zwischen Varel und Dangast.

Dangast ist der einzige Ort an der Küste zwischen Weser und Ems, der durch seine Lage auf dem Geeströcken ohne Seedeich auskommt. Die markante Stützmauer unterhalb des historischen Kurhauses veranschaulicht die Höhe des Geeströckens.

Das beliebte alte Kurhaus von Dangast.

Flutmarken an einem Deich bei Dangast.

Typische Baumgruppe in der friesischen Landschaft.

Dangaster Sieltoranlage (erbaut 1956).

Wohnhaus und Atelier des Dangaster Malers Franz Radziwill (1895–1983). Von 1907 bis 1912 war Dangast Künstlerkolonie der Dresdner „Brücke"-Maler.

Künstler arbeiten auch heute noch in Dangast. Der Beuys-Schüler Anatol schuf die Plastik „Jade" und stellte sie 1975 unterhalb des Kurhauses ins Wasser.

Schafe gehören zur Deichlandschaft in Friesland.

Die Amphibienlandschaft im Deichvorland am Rande des Wattenmeeres.

Bockhorn

Die Gemeinde Bockhorn mit ihren ca. 8600 Einwohnern liegt südlich von Wilhelmshaven und grenzt an ihrem unteren Rand an den Landkreis Ammerland. Der nördliche Teil hat am Jadebusen eine Deichlänge von 4 Kilometern. Etwa 85 % der Gemeinde sind Forst- und Landwirtschaftsflächen.

Auch diese Region war schon sehr früh besiedelt. Das belegen Funde aus der Jungsteinzeit, der Bronzezeit und der Eisenzeit. Bockhorn war im 14. Jahrhundert ein wichtiger Marktort, was aus alten Geleitbriefen, die man zum Schutz auswärtiger Kaufleute ausstellte, hervorgeht. Das 19. Jahrhundert war für die Region offenbar eine glückliche Zeit, bis die Kriegszüge Napoleons das Gegenteil brachten. Nach dem Abzug der Franzosen aus dem Jeverland 1813 entwickelte sich in Bockhorn ein gewisser wirtschaftlicher Aufschwung. Nach kurzer Blütezeit ging aber beispielsweise die Woll- und Leinenweberei stark zurück und endete hier gegen Ende des 19. Jahrhunderts.

Erfolgreicher entwickelte sich in Bockhorn die Ziegelindustrie. Der Ort wurde durch die hohe Qualität seiner Klinkersteine in ganz Europa bekannt. Aus dem Verbund der frühen Ziegeleien ging die heutige „Bockhorner Klinker GmbH“ hervor.

Die bedeutendste Sehenswürdigkeit in Bockhorn ist die St. Cosmas-und-Damian-Kirche, mit deren Bau 1230 begonnen wurde. Eine typische Friesenkirche im romanischen Stil auf einer Warft stehend, zum Teil aus Findlingen gebaut. Sehenswert ist auch das sogen. „Hemkensche Kaufmannshaus“ am Marktplatz mit seiner reich verzierten Tür aus dem Jahr 1754.

Ganz in der Nähe von Bockhorn liegt das Naturschutzgebiet „Neuenburger Urwald“ mit einem großen Bestand an Eichen und Buchen, ein Waldgebiet, das man sich einer natürlichen Entwicklung überlassen hat. Nicht unerwähnt soll der traditionsreiche „Bockhorner Markt“ bleiben, der jährlich Mitte September stattfindet und die Hauptattraktion der Gemeinde ist.

An der Rückseite des „Melchior-Hemken-Hauses“ befindet sich die schöne Rokokotür.

Das „Melchior-Hemken-Haus“ am Marktplatz (1753-54).

Das Ziegeleiarbeiter-Denkmal am Markplatz steht stellvertretend für die lange Tradition der Bockhorner Klinkerstein-Industriearbeiter.

Ev. Kirche St. Cosmas und Damian (13. Jahrhundert).

Glockenturm der Bockhorner Kirche.

Landschaft bei Bockhorn.

Hofanlage in Ellenserdammersiel.

Weidelandschaft im „Friedrich-August-Groden".

Das Ellenserdammertief.

Deich am „Petersgroden".

Wanderweg im Neuenburger Urwald.

Der sogenannte Neuenburger Urwald ist der Rest eines historischen Wirtschaftswaldes (Waldhude). Die Beweidung wurde 1920 eigestellt; der endgültige Naturschutz erfolgte 1938.

Schafe auf dem „Adelheidsgroden".

Zetel

Die Gemeinde Zetel mit ihren rd. 12000 Bewohnerinnen und Bewohnern ist ein geschichtsträchtiger Lebensraum. Zwischen 1957 und 1964 wurde ein frühmittelalterliches Gräberfeld mit 720 Gräbern fast vollständig freigelegt. In vielen Gräbern wurden interessante Grabbeigaben gefunden, wie Gürtelschnallen, Messer, Nadeln usw.. Ebenso auch Waffenbeigaben, Lang- und Kurzschwerter, Pfeile, Reitzubehör in Männergräbern. In den Frauengräbern fanden sich Perlenketten. Die Gräber sind zeitlich dem 7. bis 9. Jahrhundert zuzuordnen.

Erste Hinweise auf den Zeteler Markt liegen aus dem Jahr 1423 vor. Traditionell waren solche Märkte Handelsplätze für Viehhandel und Handwerkerarbeiten. Auch das ein Beweis für ein frühes, lebhaftes Gemeindewesen. 1760 kam die Leinenweberei auf; 1797 zählte man hier bereits 373 Webstühle und 1858 waren es 728. Etwa um 1800 entstanden erste Ziegeleien; bis 1930 waren es 5 Betriebe.

Von kulturhistorischer Bedeutung ist der auf einer Warft stehende Granitbau der St. Martins-Kirche, erbaut etwa um 1250. Die Innenausstattung zeigt einen spätgotischen Flügelaltar und ein Kreuzigungsrelief von 1643 sowie Schnitzarbeiten des Zeteler Holzbildhauers Wilhelm Kunst. Die Kirche gilt als das älteste Gebäude Zetels. Ein weiteres historisches Bauwerk ist das Neuenburger Schloss. Graf Gerd zu Oldenburg ließ das Schloss 1462 als Trutzburg gegen die Ostfriesen bauen.
Besichtigungswert ist auch die Rutteler Mühle; eine Galerieholländermühle von 1865.

Als Naturdenkmal gilt der Neuenburger Urwald, ein großes Waldgebiet in der Friesischen Wehde

Zetel ist einigermaßen unbeschadet durch die Jahrhunderte gekommen. Im Gegensatz zu anderen küstennahen Gemeinden im Landkreis Friedland ist der Ort nicht durch Sturmfluten zu Schaden gekommen, weil er im Kern auf einem ca. 15 Meter hohen Geestrücken liegt. Andere Orte in der Umgebung wurden im Mittelalter häufig überflutet.

Im Dreißigjährigen Krieg, sowie während der Franzosenzeit blieb es in Zetel ziemlich ruhig. Erst in der Endphase des Zweiten Weltkriegs kam es zu Opfern unter der Zivilbevölkerung. Durch die Nähe zu Wilhelmshaven kam es mehrfach zu Bombentreffern mit Personen- und Gebäudeschäden.

Glockenturm der St. Martins-Kirche.

Die St. Martins-Kirche (von 1423) steht auf einer hohen Warft. Die ursprüngliche Granitbauweise ist noch gut zu erkennen.

Spätgotischer Flügelaltar in der St. Martins-Kirche.

Neuenburger Schloss (1570-1582). Graf Anton Günther von Oldenburg nutzte das Schloss als Sommerresidenz und Jagdschloss.

Rhododendronblüte im Schlossgarten.

Historisches Bürgerhaus (1787) in Zetel.

Galerieholländermühle in Ruttel (1865).

Sande

Die älteste Quelle für die Erwähnung von Sande stammt aus dem Jahr 1100. Aus dem Mittelalter sind die Namen „up deme Sande“, „upn Sand“ und „uppe deme Sande“ überliefert.

Die ev. luth.Pfarrkirche St. Magnus entstand Mitte des 14. Jahrhundert im romanischen Stil; der Turm ist etwa um 1500 erbaut worden.

Die Gemeinde mit ca. 9400 Einwohnern liegt unmittelbar an der Stadtgrenze von Wilhelmshaven. So ist zu erklären, dass viele Berufstätige in die Marinestadt pendeln und in den dortigen Betrieben tätig sind. Der größte Arbeitgeber in der Gemeinde Sande ist das Nordwest Krankenhaus Sanderbusch mit ca. 750 Mitarbeiterinnen und Mitarbeitern. Jährlich werden ca. 12 000 Patienten stationär und ca. 8000 Patienten ambulant behandelt.

Von besonderer kulturhistorischer Bedeutung in der Gemeinde Sande ist der Ort Neustadtgödens, der erstmals 1544 erwähnt wird. Die ersten Siedler waren Niederländer, die im Deichbau tätig waren. Es folgten Menoniten und Juden, die hier Schutzbriefe erhielten. Schon 1752 wird der Bau einer Synagoge erwähnt. Ein Neubau von 1852 wurde einige Zeit vor der Progromnacht 1938 an Privat verkauft und somit nicht durch die Nazis zerstört. Geschichtsträchtige Bauten kennzeichnen das Ortsbild: die Menonitenkirche von 1741, die Synagoge von 1852, die luth. Pfarrkirche von 1695, die kath. Kirche St. Josef von 1715.

Zu Neustadtgödens gehört Schloss Gödens, das eine lebendige Vorgeschichte aufweisen kann, die in ihrer Vielgeschichtlichkeit an dieser Stelle nicht ausführlicher beschrieben werden kann. Das Wasserschloss in Gödens mit Graft und Zugbrücke wurde um 1517 erbaut. Schloss und Herrschaft gingen 1547 an den Adeligen Franz Frydag von Loringhoven über. Das Wasserschloss gilt als das schönste Schloss im ostfriesisch-friesischen Raum. Viele Adelige haben hier über Jahrhunderte gelebt. Der spätere Schlossherr, die Familie von Wedel, ließ die Innenräume umgestalten und den Schlossgarten zu einem Park ausbauen.

Ev. Kirche St. Magnus (Mitte 14. Jahrhundert).

Das Nordwestkrankenhaus Sanderbusch.

Zur Gemeinde Sande gehört der Ort Dykhausen mit der St. Jakobus-Kirche; ursprünglich aus dem 17.Jahrh., 1942 zerstört, 1950 wieder aufgebaut.

Am Sander See ist vom historischen „Turm von Marienhausen" nur noch die Spitze sichtbar.

Der Ems-Jade-Kanal wurde 1882 in Betrieb genommen.

Die Wedelfelder Wasserschöpfmühle wurde 1844 erbaut. Sie ist die einzige in Friesland noch erhaltene, voll funktionsfähige Wasserschöpfmühle.

Die Oberahner Peldemühle wurde 1764 errichtet; der Betrieb wurde 1966 eingestellt.

Menonitenkirche (1741) in Neustadtgödens. Im 17. Und 18 Jahrhundert entwickelte sich der Ort zur größten Menonitensiedlung in Ostfriesland. (rechte Seite)

Die Luth. Kirche (1695) in Neustadtgödens.

Das Landrichterhaus in Neustadtgödens.

Die Synagoge von 1852 blieb in Neustadtgödens erhalten, weil sie schon vor 1938 an eine Privatperson verkauft worden war.

Der Bau der reformierten Kirche in Neustadtgödens erfolgte 1715/16. Der letzte Gottesdienst fand 1935 statt. Das Gebäude wurde an einen Privatmann verkauft.

Die kath. Kirche in Neustadtgödens wurde 1715 als erstes katholisches Gotteshaus in Ostfriesland gebaut.

Das Wasserschloss Gödens (um 1517 erbaut).

Schortens

Schortens, auf einem Geestrücken gelegen, gehörte etwa um 1360 zur Häuptlingsherrschaft Wangerland. Eine sehr frühe Erwähnung ist schon aus dem Jahe 1158 mit der Bezeichnung „Scortinh" belegt. Vom alten Kirchspiel Schortens übernahm man 1786 die bestehenden Grenzen zur Entwicklung einer bürgerlichen Verwaltung. Daraus entstand die heutige Stadt Schortens mit einer Einwohnerzahl von über 20 000 Personen.

Durch die Nähe zur Marinestadt Wilhelmshaven entwickelte sich Schortens schon in der zweiten Hälfte des 19. Jahrhundert zu einem bevorzugten Wohngebiet; viele Industrie- und Werftarbeiter siedelten sich in Schortens an. Nach Ende des Ersten Weltkriegs führte das in der Gemeinde zu großen sozialen Problemen wegen der nicht vorhersehbaren Arbeitslosigkeit, weil der Bau von Kriegsschiffen völlig eingestellt wurde.

Von kulturhistorischer Bedeutung in Schortens ist die ev. Kirche St. Stephan, die um 1100 erbaut wurde. Sie gilt als das älteste Bauwerk aus Stein im Jeverland. Nach teilweisen Zerstörungen 1361 und 1676 wurde das Gotteshaus mit Veränderungen wieder aufgebaut. Sehenswert sind der spätgotische Schnitzaltar (um 1500) und die Orgel von 1686. In den Nachbargemeinden Sillenstede und Accum stehen ebenfalls bedeutende historische Kirchen.
Einen deutlichen Einfluss auf die Zunahme der Bevölkerung hatte zweifelsohne der Bau des Militärflughafens Jever im Jahr 1936. Auch nach dem Zweiten Weltkrieg war der spätere NATO-Flugplatz Upjever, nachdem er zunächst von der britischen Royal Air Force genutzt wurde, bei der Übernahme durch die Bundeswehr ab 1964 ein bedeutender Arbeitgeber.

Der frühere ländliche Charakter von Schortens hat sich völlig verändert. Dass hier einmal der Mittelpunkt einer berühmten Pferdezucht war, ist allenfalls nur noch durch das springende Pferd im Stadtwappen zu erkennen. Schortens präsentiert sich heute als lebendige Gewerbe-, Einkaufs- und Wohnstadt.

Die Accumer Mühle (von 1746) wurde noch bis 1986 bewirtschaftet.

Ev. Kirche St. Stephan (1153) in Schortens; sie gilt als das älteste Bauwerk aus Stein im Jeverland.

Barockkirche St. Willehad (1719) in Accum. Die Kirche beherbergt das Grabmal des Tido von Inn- u. Kniephausen und seiner Gemahlin.

Die Sillensteder Kirche St. Florian (1232/33) und der Glockenturm.

Gut erkennbar die ursprüngliche Bauweise der Sillensteder Kirche St. Florian mit mächtigen Granitquadern.

Orgelprospekt in der Kirche St. Florian von Adam Berner (1752).

St. Florian-Kirche, Sillenstede;
Blick auf den Altarraum.

Flügelaltar (um 1500) der Kirche St.Florian.

Wangerland

Das Wangerland gehört zum nördlichen Jeverland; Nordsee und Jade sind die geologischen Grenzen. Ursprünglich ragte diese Region im Bezug auf alte Stammesherrschaften auch noch bis in das Harlingerland hinein. Aus historischer Sicht war Hohenkirchen immer der wichtigste Ort in dieser Region. Archäologisch ist der Landstrich bisher wenig untersucht worden. Man hat aber festgestellt, dass erste Siedlungen schon im letzten Jahrhundert v. Chr. angelegt waren. Überflutungen haben jedoch häufig zur Aufgabe bewohnter Gebiete geführt.

Nachdem die Sachsen im frühen Mittelalter das Küstengebiet aufgegeben hatten, besiedelten die Friesen das Land. Als die Friesen zum Christentum bekehrt waren, wurden zwischen dem 10. und 12. Jahrhundert Kirchen gebaut. Anfangs aus Holz, ab Mitte des 12. Jahrhunderts aus Granitquadern im romanischen Stil.

Die Marschbewohner hielten vor allem Vieh, mit dem sie unter einem Dach lebten, betrieben aber auch Ackerbau. Als Trinkwasser wurde Regen in großen Gruben, den sogenannten Fethingen gesammelt. Abgesehen von den Warfen, auf denen Kirchen und Höfe angelegt waren, liegt das Land kaum höher als 2 Meter über NN. Dadurch war der Abfluss von Oberflächenwasser in historischen Zeiten schwierig. Heute entwässert das Wangerland über mehrere Tiefs, Speicherpolder und moderne Schöpfwerke hauptsächlich in den Jadebusen.

Hooksiel und Horumersiel hatten als Hafenorte im 18. und 19. Jahrhundert eine gewisse wirtschaftliche Bedeutung. Heute leben beide Gemeinden vom Fremden- und Ausflugsverkehr.

Wangerland ist flächenmäßig die größte Gemeinde im Landkreis Friesland. Verwaltungssitz der Gemeinde ist Hohenkirchen. Aus militärhistorischer Sicht ist Schillig von einiger Bedeutung gewesen. Schon während des deutsch-französischen Krieges 1870/71 waren hier Truppen stationiert. Während des Ersten und Zweiten Weltkriegs hatte Schillig mit mehreren Geschützstellungen eine größere Bedeutung für den Kriegshafen Wilhelmshaven.

Dagegen war die im Renaissance-Stil erbaute Burg Fischhausen lediglich ein Häuptlingssitz. Sehenswert sind im Wangerland einige bedeutende mittelalterliche Kirchen, die viele Kunstwerke aus verschiedenen Jahrhunderten beherbergen.

Hooksiel, Hafen und Lagerhäuser.

Hooksieler Binnentief

Rathaus in Hooksiel; das Haus war früher das Schulgebäude.

Ehemaliges Lagerhaus in Hooksiel.

Strandkörbe am Jadebusen in Hooksiel.

Die ev. Kirche St. Johannes in Waddewarden gilt als die schönste und größte im Wangerland; erbaut in der 2. Hälfte des 13. Jahrhunderts.

Sehr gut erhalten sind die ursprünglich zum Bau verwendeten Granitquadersteine.

Orgelprospekt der St. Johannes-Kirche aus dem frühen 17. Jahrhundert.

Taufstein aus Granit (Mitte 13. Jahrhundert) in der St. Johannes-Kirche.

Die Kanzel von 1649 und der Altar von 1661 in der St. Johannes-Kirche in Waddewarden wurden vermutlich von Jakob Cröpelin aus Esens geschaffen.

Typische Landschaftsmotive im Wangerland.

Ev. Kirche in Wiefels (13.Jahrhundert).

Kanzel und Altar der Kirche in Wiefels.

Ev. Kirche St. Martin in Tettens. Der Bau aus Granitquadersteinen stammt aus dem 13. Jahrhundert; der Glockenturm entstand um 1500.

Der Flügelaltar der St. Martin-Kirche wird auf die Zeit um 1500 datiert.

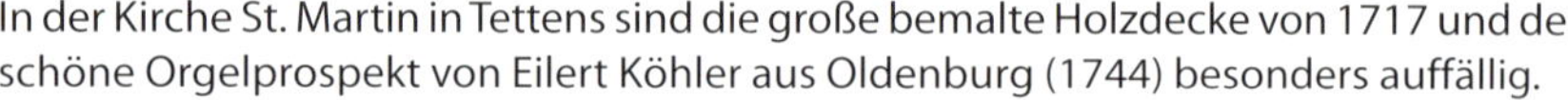

In der Kirche St. Martin in Tettens sind die große bemalte Holzdecke von 1717 und der schöne Orgelprospekt von Eilert Köhler aus Oldenburg (1744) besonders auffällig.

Der spätromanische Backsteinbau der ev. Kirche in Wüppels stammt aus dem 13. Jahrhundert.

Die Kanzel der Kirche in Wüppels wurde 1651 angefertigt.

Der Flügelaltar in der Kirche Wüppels ist 1523 gestaltet worden.

Die kleine Orgel in der Kirche Wüppels rundet optisch die zurückhaltende Ausstattung des Kircheninneren ab.

Das alte Pastorat in Wüppels.

Bauernhaus in Crildumersiel.

Auf dem alten Deich
in Crildumersiel.

Schloss Fischhausen war ursprünglich die ehemalige Burg eines friesischen Häuptlings. Die Burg wird um 1305 erstmals erwähnt.

Auf einer hohen Warf liegt im alten Kirchdorf Pakens die ev.Kirche zum Heiligen Kreuz; ein spätromanischer Granitquaderbau.

Zahlreiche sehenswerte Grabplatten auf dem Friedhof von Pakens, die zu Gräbern früherer Einwohner von Hooksiel gehörten, zeugen vom Wohlstand der Bürger in dem seinerzeit florierenden Hafenort.

Die sehenswerte Orgel (von 1664) und die Kanzel (Mitte 17.Jahrhundert) in der Kirche Pakens. Der alte Ort Pakens war einst Häuptlingssitz derer von Fischhausen.

Hohenkirchen war zentraler Kirchort des Wangerlandes und wird erstmals 1214 urkundlich erwähnt. Die Kirche St. Sixtus und Sinnicius stammt aus dem 13. Jahrhundert.

Der Altar des Gotteshauses in Hohenkirchen wurde 1620 von Ludwig Münstermann geschaffen.

Die ev. Kirche St. Cosmas und Damian in Wiarden soll schon 1164 bestanden haben, während andere Bauteile des Gebäudes mit Sicherheit aus dem 15.Jahrhundert stammen.

Im Kircheninneren fällt das weiße Gestühl auf; die Kanzel wurde 1643 von dem Münstermann-Schüler Onno Dierksen geschaffen.

Die ev. Kirche St. Jodokus in St. Joost wurde in der ersten Hälfte des 16. Jahrhundert gebaut.

Die Fresken in der Kirche von Wiarden stammen aus der ersten Hälfte des 15. Jahrhundert.

Die romanische Saalkirche St. Severin in Minsen stammt aus dem frühen 13. Jahrhundert.

Altar in der St. Severin-Kirche Minsen.

Die Galerieholländermühle von Stumpens (von 1816) wird heute als beliebte Teestube und Café genutzt.

Das Hohenstief bei Horumersiel kurz vor der Mündung in den Jadebusen.

Der Yachthafen Horumersiel.

Am Strand von Horumersiel. Im Hintergrund sieht man die lange Reihe von Wohnwagen auf dem Campingplatz von Schillig.

Im Zentrum von Horumersiel.

Krabbenkutter im Hafen Horumer-siel.

Wangerooge

Wangerooge ist die östlichste der 7 bewohnten ostfriesischen Inseln, gehört aber nicht zu der Region, die allgemein als Ostfriesland bezeichnet wird. Wangerooge ist historisch bedingt ein Teil des friesischen Jeverlandes.
Die autofreie Insel mit einer Fläche von knapp 8 Quadratkilometern lebt mit ihren ca. 1000 Einwohnern in erster Linie vom Tourismus.

Wie alle ostfriesischen Inseln verlagerte sich auch Wangerooge durch den Einfluss von Wind und Meeresströmungen im Laufe der Jahrhunderte von West nach Ost. Durch den Gezeitenstrom verlor die Insel zwischen dem 17. und 19. Jahrhundert im Westen ca. 2 Kilometer Land und nahm im Osten etwa 4 Kilometer zu. Durch diese Verlagerung mussten auf Wangerooge immer wieder Siedlungen aufgegeben und weiter nach Osten verlegt werden.

Man nimmt an, dass sich die ostfriesischen Inseln um 3000 v. Chr. aus Sandbänken entwickelt haben. Durch das Spiel der Naturkräfte gibt es auf Wangerooge keine historischen Funde. Mitte des 19. Jahrhunderts begannen aufwendige Maßnahmen zum Schutz der Insel. Die heutige Form von Wangerooge ist sehr stabil, von Menschenhand geformt. Ohne Eingriffe läge die Insel heute vermutlich im Fahrwasser der Jade.

Nach großen Sturmfluten, wie 1570 oder der Weihnachtsflut von 1717 ging die Bevölkerung auf Wangerooge immer weiter zurück. Um 1650 gab es ca. 360 Bewohner, 1775 waren es nur noch 150 Personen. Am Neujahrstag 1855 riss eine schwere Sturmflut die Insel in drei Teile. Die meisten Bewohner verließen daraufhin Wangerooge. Die Oldenburgische Regierung wollte die Insel ganz aufgeben und siedelte die Wangerooger auf dem Festland bei Hooksiel und in Varel an; aber 82 Inselbewohner weigerten sich, die Insel zu verlassen. Sie gründeten 1865 im damaligen Osten ein neues Inseldorf.

Im Zusammenhang mit dem geplanten Aufbau eines Kriegshafens in Wilhelmshaven durch die Preußen investierte das Deutsche Reich auf Wangerooge über eine Million Goldmark für den Inselschutz. Von 7 schweren Sturmfluten zwischen 1906 und 1976 war die Flutkatastrophe vom Februar 1962 die schlimmste. Danach wurden weitere Schutzeinrichtungen gebaut und alle Deiche auf 6 Meter erhöht. Aber Unsicherheiten bleiben; regelmäßig verliert der Sandstrand Jahr für Jahr große Mengen an Sand, die immer wieder ersetzt werden müssen.

Das erste Bauwerk des jetzigen Inseldorfs war der 1856 erstellte Leuchtturm. Um den Turm herum entstanden einfache Fischerhäuser. Die Bebauung schritt voran, und es entwickelte sich der Tourismus. 1865 wurde der Badebetrieb aufgenommen. 1928 bekam Wangerooge die staatliche Anerkennung als Nordseebad. Der Fremdenverkehr ist heute mit über 500 000 Übernachtungen pro Jahr der wichtigste Wirtschaftsfaktor der Insel. Es soll aber nicht unterschlagen werden, dass der Kurbetrieb schon vor der Napoleonischen Zeit (1811–1813) begonnen hatte, aber durch die Franzosen bald zum erliegen kam.

Die militärische Bedeutung von Wangerooge entwickelte sich im Zusammenhang mit dem Bau des Kriegshafens Wilhelmshaven schon vor dem Ersten Weltkrieg. Im Zweiten Weltkrieg wuchs die strategische Bedeutung der Insel. Bis zu 5000 Soldaten der Marine, der Luftwaffe und der Luftabwehr waren hier stationiert.

Für Naturfreunde noch der Hinweis auf den Nationalpark-Stützpunkt, der 1989 eingerichtet wurde. Er informiert in mehreren Ausstellungsräumen über die Insel, über Naturschutz, Watt, Salzwiesen und Dünen. Wie auf allen ostfriesischen Inseln ist auf Wangerooge die typische Vegetationsarmut anzutreffen, die in erster Linie auf die ständige Versandung durch den Wind entstanden ist. Nur genügsame Pflanzen können hier überleben.

Dünenlandschaft am Südwestkopf der Insel Wangerooge.

Der Westturm, das Wahrzeichen von Wangerooge (Jugendherberge).

Der neue Leuchtturm wurde 1969 in Betrieb genommen.

Hoch über dem Badestrand steht die altbekannte, große Uhr.

Der alte rote Leuchtturm entstand 1856; er wurde 1969 außer Betrieb genommen und dient seit 1980 als Inselmuseum.

Direkt vor dem Ortszentrum beginnt das bunte Strandleben.

Der Wappenstein von 1687 wurde von dem vormaligen Fürst Carl Wilhelm von Zerbst und Jever gestiftet und war vor dem allerersten steinernen Feuerturm angebracht. Der Stein wurde etwa um 1850 am Weststrand freigespült und dort gefunden, wo ein früherer Turm durch eine Sturmflut einstürzte. Mit einer Ausnahme (1830-!859) schmückte der Votivstein alle Leuchtfeuertürme von Wangerooge. Er steht heute am Fuß des alten roten Leuchtturms.

Vor dem auf einer hohen Düne gelegenen Restaurant „Café Pudding" endet die Fußgängerzone, und unmittelbar dahinter beginnt das Strandleben.

Die autofreie Insel ist ein Paradies für Radwanderer; viele Farrad-Verleiher bieten ihre Dienste an.

Baden im offenen Meer und faulenzen im Strandkorb stehen im Mittelpunkt des Urlaubvergnügens.

Wattwanderungen mit fachkundiger Führung sind eine besondere Attraktion für Inselbesucher und Naturfreunde.

Fast mitten im Ort befindet sich der große Rosengarten. Ein beschaulicher, ruhiger Park, der von vielen hohen Bäumen umrahmt wird.